ELÉVATE

Tarot

Textos: Amanda Hall
Traducción: Myriam Mieres
Diseño e ilustración cartas del tarot, caja
y cubierta: Rachael Jorgensen
Imágenes © Hinkler Pty Ltd or Shutterstock.com

© Hinkler Pty Ltd
Imágenes © Hinkler Pty Ltd o Shutterstock.com
© Susaeta Ediciones S. A.
Tikal Ediciones
C/ Campezo, 13 - 28022 Madrid
Tel.: 91 3009100
www.susaeta.com

ISBN: 978-849928-534-4
Impreso y encuadernado en China

ELÉVATE

Tarot

Amanda Hall

TIKAL

ÍNDICE

Introducción

Las cartas de tarot se han usado durante siglos como ayuda para guiar a las personas y entender los problemas emocionales que influyen en su vida. El tarot puede brindar información y entendimiento de las situaciones personales y profesionales. Trabajar regularmente con el tarot puede ayudarte a ser consciente de los cambios de tu vida y a aprovechar las oportunidades para mejorar. El tarot es una forma de clarividencia o de predecir acontecimientos. El término correcto es *adivinación*.

No necesitas ninguna destreza especial para trabajar con el tarot, pero debes tener una mente abierta y permitir que las cartas elaboren una historia por el modo en el que están colocadas. Leer las cartas te proporcionará respuestas y consejos sobre cómo afrontar y enfocar tu vida. Cuando le echo las cartas a un cliente, le pido que las mezcle en la mesa para comenzar. La lectura es diferente para cada persona, ya que los problemas y las lecciones de su travesía vital son únicos y variados. Las cartas funcionan a un nivel muy personal y emocional, accediendo a tu ser superior o mente subconsciente. Las cartas revelan los aspectos positivos y negativos que te rodean.

Durante la lectura, no hago preguntas, sino que permito que las cartas describan las respuestas necesarias. El tarot no siempre ofrece las respuestas que esperas, pero te proporcionará la información que deseas para examinar los problemas desde un ángulo que podrías no haber considerado. No obstante, sigues teniendo libre albedrío y eres capaz de controlar tus propios pensamientos y acciones. Creo que persona prevenida vale por dos y el tarot puede ayudarnos a tomar decisiones mejor fundadas para enriquecer nuestra vida.

Historia y origen del tarot

Nadie sabe realmente dónde se originó el tarot, pero la historia de las cartas de tarot en Europa parece remontarse al siglo XIV. Dicen que la enseñanza original del tarot se basa en 22 platos de peltre que constituían los arcanos mayores; estos se leían para decidir cuándo sembrar o para tomar decisiones para una nación, como cuándo ir a la guerra.

Las cartas de los arcanos menores se añadieron al tarot posteriormente. Los arcanos menores consisten en 56 cartas, que son la base de la baraja de naipes que usamos actualmente para jugar a las cartas. En los arcanos menores también incluimos cuatro cartas más con figuras: la sota, el caballo, la reina y el rey. Las imágenes de las cartas se usan para ayudar a entender y llevar a cabo lecturas con el tarot.

Hay muchos mitos sobre el tarot que han evolucionado con el paso del tiempo. Algunos creen que tu baraja de tarot no debería tocarla nadie más. Otro mito dice que antes de usar las cartas tienes que dormir con ellas bajo la almohada durante una semana para energizarlas personalmente. También se ha dicho que, después de envolver las cartas en un pañuelo de seda violeta para custodiarlas y protegerlas de espíritus malignos y energías indeseadas, deberían colocarse en una caja de madera y usarse únicamente sobre una mesa de madera.

El tarot es una práctica y una creencia sumamente individual que debe tratarse con respeto por tratarse de un saber ancestral. Deberías seguir tus propios sentimientos y deseos sobre cómo y cuándo leer las cartas. Puedes elegir un lugar concreto donde tu energía personal sea más fuerte para hacer las lecturas. Podrías usar un mantel específico y encender una vela o quemar incienso para generar un ambiente apacible que potencie la experiencia para ti y para la persona destinataria de la lectura. Estas son elecciones personales y no son esenciales para leer el tarot. El principal ingrediente es un entorno distendido donde te sientas en paz contigo. Dedica mucho tiempo a meditar sobre el mensaje que las cartas te están transmitiendo.

Leer el tarot

Antes de iniciar la lectura (usar las cartas de tarot para hacer predicciones), despéjate la mente de todo pensamiento. Baraja las cartas, luego cógelas de la parte superior del mazo y colócalas sobre la mesa de izquierda a derecha. Todas las cartas de tarot tienen un significado que debe considerarse en relación con el lugar donde caen al echarlas (el lugar donde caen las cartas o donde se disponen durante una lectura). La posición en la que cae una carta ayuda a transmitirte el mensaje del tarot.

Al leer las cartas, tienes que elegir una carta de significador. El significador o consultante es la persona para la que haces la lectura. La carta elegida para representar al significador debería decidirse en función del sexo, la edad y el color del cabello y de los ojos de la persona. La carta de significador se usa en muchas lecturas de tarot como punto focal o punto de inicio de una lectura. Por ejemplo, si la persona a la que le echas las cartas es una mujer mayor de 25 años con cabello rubio y ojos azules, elegirías la reina de copas como carta de significador. Si la mujer es menor de 25 años, elegirías la sota de copas.

Cuando empiezas a estudiar el tarot, es aconsejable aprender el significado de cada carta. Tienes que familiarizarte con las imágenes y dedicar tiempo a practicar.

Más tarde, cuando tengas más experiencia, podrás usar tus propias capacidades intuitivas para mejorar las lecturas. Puedes leerle las cartas a cualquier persona, pero siempre es más fácil hacerlo para alguien de mente abierta que sea receptivo a la información que estás dando. La gente no siempre obtendrá las respuestas que espera y puede que no quiera creer las respuestas recibidas, pero nunca vi que las cartas se equivocaran. Seguimos teniendo derecho a tomar nuestras propias decisiones. Las personas siguen contando con el libre albedrío para controlar su destino.

Las cartas

El tarot consiste en 78 cartas en total. Los arcanos mayores son 22 cartas, numeradas de 0 a 21, cada una de ellas con una imagen simbólica. Se dice que las cartas cuentan una historia —el viaje de la vida— con las figuras y los símbolos, que representan diferentes características y experiencias en la vida.

Los arcanos menores son 56 cartas divididas en cuatro palos: copas, bastos, espadas y oros. Cada palo está numerado desde el as hasta el 10 y también tiene cuatro cartas con figuras: la sota, el caballo, la reina y el rey. En la historia del tarot y otras materias relacionadas con los videntes, existen normas y directrices tácitas que se han generalizado en todo el mundo y se han empleado durante siglos.

La baraja tradicional de tarot que conocen muchas personas es la Rider-Waite, que se ilustró por primera vez a principios del siglo xx. Ahora existen otros muchos estilos de cartas de tarot y deberías elegir uno con el que trabajes con comodidad. En este libro usaremos una baraja moderna y los significados básicos se incluyen en las cartas para facilitar su aprendizaje. Su colorido y sus detalles hacen de él un conjunto de cartas muy especial.

Antes de usar las cartas de tarot, tienes que protegerte contra la información errónea recibida de los guías espirituales. Un guía espiritual se elige para guiarte y protegerte en tu viaje terrestre. Puede ser un miembro de la familia que ha pasado al otro lado y que decide protegerte y guiarte en la vida. Puede que no hayamos conocido personalmente a esa persona antes de que pasara al otro lado. Ahora tenemos que aprender a protegernos espiritualmente. Cierra los ojos e imagínate como alguna forma de oro. Podría ser un triángulo, un abrigo, bajo un aguacero dorado, en un coche o cualquier cosa que tenga sentido para ti. O quizá solo quieras sostener una cruz de oro en la mano. Esto solo te llevará un par de segundos y debería hacerse antes de cada lectura.

THE SUN.

Los arcanos mayores

Los arcanos mayores son las primeras 22 cartas de la baraja. Se los conoce como los sustantivos de la oración o la parte sólida de la lectura. Son muy poderosos por derecho propio y las lecturas pueden hacerse usando solo estas cartas.

0 EL LOCO
Buenos amigos. Felicidad.
Necesidad de dar un gran paso adelante.

1 EL MAGO
Factor sorpresa. Bueno o malo.

2 LA SACERDOTISA
Es la carta más alta del tarot. Muy poderosa.
Se revelarán secretos buenos o malos.

3 LA EMPERATRIZ
Los retrasos serán necesarios.

4 EL EMPERADOR
La estabilidad o su influencia
llegan a tu vida.

5 EL PAPA O EL HIEROFANTE
Matrimonio. Gobierno o compañía pública.
Persona jurídica. Edificio oficial
o situación oficial.

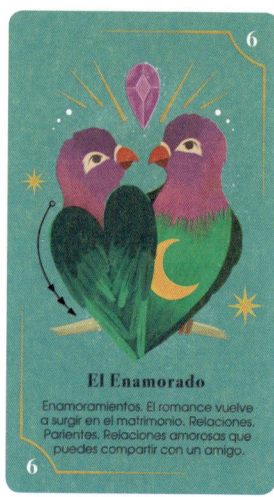

6 EL ENAMORADO

Enamoramientos. El romance vuelve a surgir en el matrimonio. Relaciones. Parientes. Relaciones amorosas que puedes compartir con un amigo.

7 EL CARRO

Cambio de residencia. Viaje. Victoria sobre una situación o problema. Equilibrio entre dos polaridades opuestas.

8 LA FUERZA

Fuerza interior. Confrontación contigo mismo y otros.

9 EL ERMITAÑO

Soledad. Falta de ataduras. El alma reclama su tiempo o tiempo a solas.

La Rueda de la Fortuna
El dinero crece.
Viaje al extranjero.
Fases de finalización.

La Justicia
Situación legal o documento.
Policía. Encontrar la verdad en lo
que afecta a la balanza
o el equilibrio.

10 LA RUEDA DE LA FORTUNA
El dinero crece. Viaje al extranjero.
Fases de finalización.

11 LA JUSTICIA
Situación legal o documento. Policía.
Encontrar la verdad en lo que afecta a la
balanza o el equilibrio.

El Colgado
Fuerza y autoconfianza
después de muchas
deliberaciones y retrasos
en tu vida.

La Muerte
Muerte o final de
una situación.
Nuevos comienzos.

12 EL COLGADO
Fuerza y autoconfianza después de muchas
deliberaciones y retrasos en tu vida.

13 LA MUERTE
Muerte o final de una situación.
Nuevos comienzos.

La Templanza

Restricciones de dinero.
Tanteando el terreno.

14 LA TEMPLANZA

Restricciones de dinero.
Tanteando el terreno.

El Diablo

Celos o problemas. Capaz de
romper las cadenas que te atan
o que te frenan.

15 EL DIABLO

Celos o problemas. Capaz de romper las
cadenas que te atan o que te frenan.

La Torre Fulminada

Catástrofe. Accidente. Cosas
que suceden muy deprisa, a la
velocidad de la luz.

16 LA TORRE FULMINADA

Catástrofe. Accidente. Cosas que suceden
muy deprisa, a la velocidad de la luz.

La Estrella

Brillo. Esperanza. Puede
llevar a excesos; hay que ser
cauteloso para no llegar a ser
demasiado avaricioso.

17 LA ESTRELLA

Brillo. Esperanza. Puede llevar a excesos;
hay que ser cauteloso para no llegar a ser
demasiado avaricioso.

18 LA LUNA

Decepción o retrasos. Altibajos emocionales. Puedes estar engañándote emocionalmente a ti mismo o a los demás.

19 EL SOL

Matrimonio. Felicidad y perspectivas brillantes.

20 EL JUICIO

Decisiones pendientes de resolución. La única decisión que se puede tomar teniendo en cuenta las circunstancias.

21 EL MUNDO

Viaje al extranjero. Dinero. Suerte. El mundo en la palma de tu mano. Nuevas oportunidades.

Tirada de respuesta directa

Usa esta tirada cuando necesites una respuesta directa con «sí» o «no». La tirada abarca un periodo de tres meses. Solo se emplean las cartas de los arcanos mayores.

Hacer la pregunta

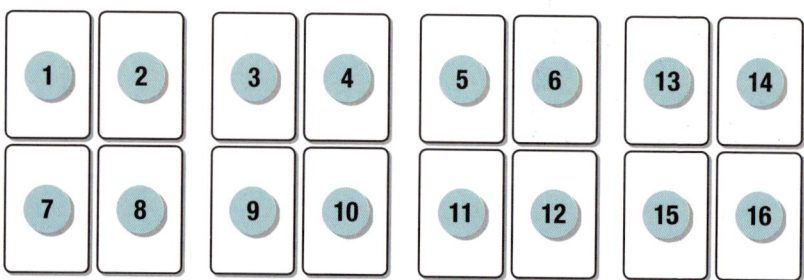

1. Separa las cartas de los arcanos mayores de la baraja, mézclalas y haz la pregunta en voz alta.

2. Toma las seis primeras cartas de la parte superior del mazo y colócalas bocarriba, en línea, sobre la mesa de izquierda a derecha.

3. Dale la vuelta al mazo, toma las seis cartas siguientes de la parte inferior y colócalas bocarriba, en línea, sobre la mesa directamente debajo de las seis primeras cartas.

4. Si no hay una respuesta concluyente, se requiere una extensión. Procede de la misma manera tomando las dos primeras cartas de la parte superior y las dos siguientes de la parte inferior de la baraja. Colócalas junto al resultado final (serán las cartas 13-14-15-16).

Ejemplo de lectura de respuesta directa

Cuatro primeras cartas (1-2-7-8)	Se refieren a hechos pasados o transitorios.
Cuatro cartas centrales (3-4-9-10)	Aluden a las condiciones actuales o a la situación que se producirá a continuación.
Cuatro cartas finales (5-6-11-12)	Revelan el resultado o hacia dónde lleva la situación.
(Cartas 13-14-15-16)	**La extensión se usa solamente cuando la respuesta no está clara.**

PREGUNTA: ¿Debería María cambiar de trabajo?

RESPUESTA:

Pasado   Presente   Futuro   Extensión

PASADO

Hechos pasados o transitorios de María
El ahorcado, la fuerza, la justicia, el mundo

María se ha fortalecido tras mucho deliberar en torno a importantes
cuestiones de su vida y postergarlas. Tiene fuerza interior para enfrentarse
a sí misma y a esas cuestiones. Ahora tiene la fuerza necesaria para
afrontar la verdad sobre los problemas que han estado preocupándola
y esto le aportará equilibrio a su vida. Tiene el mundo en la palma de
la mano. Sus finanzas mejorarán significativamente gracias a nuevas
oportunidades de mejora económica, la firma de un contrato o nuevos
acuerdos.

PRESENTE

El acontecimiento que afronta María ahora
El sol, la torre, el ermitaño, la rueda de la fortuna

Felicidad con brillantes perspectivas a pesar de haberse terminado su
matrimonio. Las situaciones de su vida se mueven con mucha rapidez.
María ha hecho introspección y siente que ahora debe avanzar sola
con sus nuevas oportunidades. Se han completado fases vitales y está
avanzando para llevar más dinero a su vida.

FUTURO

Los acontecimientos que María afrontará en el futuro
El carro, el mago, la luna, la templanza

María hará un viaje que supondrá una gran victoria en su vida. Todas
las cuestiones de su vida se están moviendo con gran rapidez y podrían
producirse también situaciones sorprendentes. Sufrirá altibajos emocionales
y habrá temas económicos que resolver. Este puede ser territorio desconocido
y María está tanteando el terreno en la nueva dirección.

EXTENSIÓN

Resultado de la extensión de María
El enamorado, el loco, el juicio, el emperador

María siente mucha energía afectuosa a su alrededor. Ante la gran
oportunidad de enamorarse nuevamente tendría que dar un enorme
salto adelante con la ayuda de sus amigos. Las decisiones que María
está tomando ahora son firmes y las únicas que podrían tomarse en
tales circunstancias. Esto le aportará estabilidad a su vida.

Los arcanos menores

Los arcanos menores son las 56 cartas restantes de la baraja, que pueden considerarse los adjetivos de la oración. Estas cartas proporcionan más detalles y orientación cuando se leen. Los cuatro palos de los arcanos menores son copas, bastos, espadas y oros.

Hay palabras clave asociadas a cada palo e interpretaciones asociadas a cada carta. Cada palo se corresponde con uno de las cartas de póker. Por ejemplo, las copas se identifican con los corazones de una baraja de póker.

COPAS (Emociones • Corazones • Elemento agua)

Las copas representan a personas de ojos azules o grises y cabello rubio a castaño claro. Son personas bondadosas y amables.

AS DE COPAS
Seguridad. Mano tendida.

DOS DE COPAS
Paz y armonía. Unión de dos personas.

Tres de Copas
Celebración.
Acontecimientos
brillantes.

Cuatro de Copas
Fluctuaciones de dinero.
Posible ofrecimiento de algo
que no deseas.

TRES DE COPAS
Celebración.
Acontecimientos brillantes.

CUATRO DE COPAS
Fluctuaciones de dinero. Posible
ofrecimiento de algo que no deseas.

Cinco de Copas
Pérdidas económicas.
No todo está perdido.
Puedes tener algo
que salvar.

Seis de Copas
Hogar feliz. Memorias
de niñez.

CINCO DE COPAS
Pérdidas económicas. No todo está
perdido. Puedes tener algo que salvar.

SEIS DE COPAS
Hogar feliz. Memorias de niñez.

Siete de Copas

No es oro todo lo que reluce.
Mira más allá de las nubes.
El dinero crece.

Ocho de Copas

Problemas económicos.
Deja todo atrás y mira
hacia adelante.

SIETE DE COPAS

No es oro todo lo que reluce. Mira más allá de las nubes. El dinero crece.

OCHO DE COPAS

Problemas económicos. Deja todo atrás y mira hacia adelante..

Nueve de Copas

Mejoras en marcha. Te sientes
satisfecho o complacido.

Diez de Copas

Felicidad. Cosas buenas.
Fiesta o celebración.

NUEVE DE COPAS

Mejoras en marcha. Te sientes satisfecho o complacido.

DIEZ DE COPAS

Felicidad. Cosas buenas. Fiesta o celebración.

Sota de Copas

Mujer joven, no mayor de 25 años. Buenas noticias en general.

Caballo de Copas

Hombre joven, no mayor de 25 años. Necesita más confianza.

SOTA DE COPAS

Mujer joven, no mayor de 25 años. Buenas noticias en general.

CABALLO DE COPAS

Hombre joven, no mayor de 25 años. Necesita más confianza.

Reina de Copas

Mujer mayor de 25 años. Ojos azules, cabello claro o castaño. Delicada, gentil, maternal.

Rey de Copas

Hombre mayor de 25 años. Ojos azules, cabello claro o castaño. Gentil, emotivo, tímido.

REINA DE COPAS

Mujer mayor de 25 años. Ojos azules, cabello claro o castaño. Delicada, gentil, maternal.

REY DE COPAS

Hombre mayor de 25 años. Ojos azules, cabello claro o castaño. Gentil, emotivo, tímido.

BASTOS (Acción • Tréboles • Elemento fuego)

Los bastos representan a personas de ojos verdes salpicados de color avellana y cabello rubio o pelirrojo a castaño claro. Son personas positivas y motivadas.

AS DE BASTOS

Nuevos principios. Nacimiento. Nuevas ideas. Creación.

DOS DE BASTOS

Breve viaje. Camino hacia el agua o cerca de ella.

> La adivinación es... mirar al presente desde una perspectiva diferente y ver conexiones que de otro modo son invisibles.

Charbel Tadros

Tres de Bastos
Viaje por tierra.
Supervisas tu reino.

Cuatro de Bastos
Hogar feliz. Posible estancia
en el campo.

TRES DE BASTOS
Viaje por tierra. Supervisas tu reino.

CUATRO DE BASTOS
Hogar feliz. Posible estancia en el campo.

Cinco de Bastos
Peleas. Batallas
a nuestro alrededor.

Seis de Bastos
Llegan cartas o novedades.
Noticias de victorias.

CINCO DE BASTOS
Peleas. Batallas a nuestro alrededor.

SEIS DE BASTOS
Llegan cartas o novedades. Noticias
de victorias.

Siete de Bastos

Frustraciones. Serás capaz de
vencer tu fracaso. Estás por
encima de la situación.

Ocho de Bastos

Se avecinan noticias y
situaciones muy rápidas.
Flechas de Cupido.

SIETE DE BASTOS

Frustraciones. Serás capaz de vencer tu frustración. Estás por encima de la situación.

OCHO DE BASTOS

Se avecinan noticias y situaciones muy rápidas. Flechas de Cupido.

Nueve de Bastos

Indecisión. Hay que alejarse
de la situación para verla
con mayor claridad.

Diez de Bastos

Los problemas agobian.
Cargas muy pesadas.

NUEVE DE BASTOS

Indecisión. Hay que alejarse de la situación para verla con mayor claridad.

DIEZ DE BASTOS

Los problemas agobian.
Cargas muy pesadas.

Sota de Bastos

Mujer joven, no mayor
de 25 años. Largo viaje.

Caballo de Bastos

Hombre joven, no mayor
de 25 años. Mensaje
importante.

SOTA DE BASTOS
Mujer joven, no mayor de 25 años.
Largo viaje.

CABALLO DE BASTOS
Hombre joven menor de 25 años.
Mensaje importante.

Reina de Bastos

Mujer mayor de 25 años. Ojos
verdes y cabello de rubio a pelirrojo.
Positiva, ardiente, franca.

Rey de Bastos

Hombre mayor de 25 años. Ojos
verdes y cabello de rubio a pelirrojo.
Inquieto, franco, ambicioso.

REINA DE BASTOS
Mujer mayor de 25 años. Ojos verdes
y cabello de rubio a pelirrojo. Positiva,
ardiente, franca.

REY DE BASTOS
Hombre mayor de 25 años. Ojos verdes y
cabello de rubio a pelirrojo. Inquieto, franco,
ambicioso.

ESPADAS (Desafío • Picas • Elemento aire)

Las espadas representan a personas con ojos de color avellana o marrón y cabello castaño, canoso o entrecano. Son personas cuya opinión respetamos: no siempre personas mayores, sino aquellas con actitud reservada y madura.

AS DE ESPADAS
Frustraciones. Espada de doble filo. Victoria en vano.

DOS DE ESPADAS
Mente en paz. Necesitas quitarte la venda de los ojos. Sigue reevaluando la situación.

> El tarot y los sueños son
> dos dialectos del lenguaje del alma.

Philippe St. Genoux

Tres de Espadas

Decepción. Frustración. Celos. Corazón roto.

Cuatro de Espadas

Enfermedad. Estancia en la cama. Tiempo de hacer una pausa. Necesitas descanso y relajación.

TRES DE ESPADAS

Decepción. Frustración. Celos. Corazón roto.

CUATRO DE ESPADAS

Enfermedad. Estancia en la cama. Tiempo de hacer una pausa. Necesitas descanso y relajación.

Cinco de Espadas

Pérdidas. No todo está perdido, ya que aún te quedan tres espadas, que te dan ventaja.

Seis de Espadas

Viaje por el agua o encima de ella. Las aguas turbulentas se volverán aguas tranquilas.

CINCO DE ESPADAS

Pérdidas. No todo está perdido, ya que aún te quedan tres espadas, que te dan ventaja.

SEIS DE ESPADAS

Viaje por el agua o encima de ella. Las aguas turbulentas se volverán aguas tranquilas.

SIETE DE ESPADAS

Planes, esperanza. Carta de los deseos.
El arcano menor más alto.

OCHO DE ESPADAS

Frustraciones. Te sientes atado/a
y amordazado/a.

NUEVE DE ESPADAS

Lágrimas y frustraciones. Deja ir
las emociones.

DIEZ DE ESPADAS

Muerte o el final de una situación
o relación.

Sota de Espadas

Mujer joven, no mayor de 25 años. Espionaje o engaño.

Caballo de Espadas

Hombre joven, no mayor de 25 años. Situación o desenlace rápidos. Mira por encima de tu hombro.

SOTA DE ESPADAS

Mujer joven, no mayor de 25 años. Espionaje o engaño.

CABALLO DE ESPADAS

Hombre joven, no mayor de 25 años. Situación o desenlace rápidos. Mira por encima de tu hombro.

Reina de Espadas

Mujer mayor de 25 años. Ojos y cabello castaños. Fría, dura, exigente.

Rey de Espadas

Hombre mayor de 25 años. Ojos y cabello castaños. Frío, mordaz, exige respeto.

REINA DE ESPADAS

Mujer mayor de 25 años. Ojos y cabello castaños. Fría, dura, exigente.

REY DE ESPADAS

Hombre mayor de 25 años. Ojos y cabello castaños. Frío, mordaz, exige respeto.

OROS (Dinero • Diamantes • Elemento tierra)

Los oros representan a personas con ojos marrones a negros, cabello castaño a moreno y tono de piel aceitunado a oscuro. Profesionales o empresarios.

AS DE OROS
Dinero a las puertas. Deseo divino concedido.

DOS DE OROS
Confusión financiera. Discernir entre dos ideas o situaciones.

> El tarot nos ayuda a mirar en nuestro interior para entender nuestras emociones, el razonamiento en el que se basan nuestras palabras y nuestra conducta, así como el origen de nuestros conflictos.

Benebell Wen

Tres de Oros
Mejoras en marcha, pero amenazadas con retrasos. Gloria y fama. Lugar de culto.

Cuatro de Oros
Mejoras económicas. Hay más cosas en camino.

TRES DE OROS
Mejoras en marcha, pero amenazadas con retrasos. Gloria y fama. Lugar de culto.

CUATRO DE OROS
Mejoras económicas. Hay más cosas en camino.

Cinco de Oros
El dinero se retrasa. Llega del frío.

Seis de Oros
Aumento de dinero o salario.

CINCO DE OROS
El dinero se retrasa. Llega del frío.

SEIS DE OROS
Aumento de dinero o salario.

SIETE DE OROS
Frustración en el trabajo Te espera un duro esfuerzo, tanto personal como profesionalmente

OCHO DE OROS
Trabajo remunerado.

NUEVE DE OROS
Paz mental. Satisfacción.

DIEZ DE OROS
Satisfacción con el dinero. Firma de un acuerdo monetario.

Sota de Oros
Mujer joven, no mayor
de 25 años. Estudiante.
Hombre o mujer.

Caballo de Oros
Hombre joven, no mayor
de 25 años. Visitante.
Mensaje para compartir.

SOTA DE OROS
Mujer joven, no mayor de 25 años.
Estudiante. Hombre o mujer.

CABALLO DE OROS
Hombre joven, no mayor de 25 años.
Visitante. Mensaje para compartir.

Reina de Oros
Mujer mayor de 25 años.
Ojos y cabello oscuros.
Profesional, negociadora,
dominante.

Rey de Oros
Hombre mayor de 25 años. Ojos
y cabello oscuros. Negociador,
arrogante, poderoso.

REINA DE OROS
Mujer mayor de 25 años. Ojos y cabello
oscuros. Profesional, negociadora, dominante.

REY DE OROS
Hombre mayor de 25 años. Ojos y cabello
oscuros. Negociador, arrogante, poderoso.

Tirada de la cruz celta extendida

Esta tirada, que se basa en la cruz celta, es una de las más conocidas. La tirada de la cruz celta extendida puede hacerse con los arcanos mayores y menores o solo con los arcanos menores. Proporciona una lectura profunda para unos seis meses. Esta tirada se puede usar para hacer una lectura general o para obtener información y respuestas sobre un aspecto específico de tu vida donde necesitas orientación.

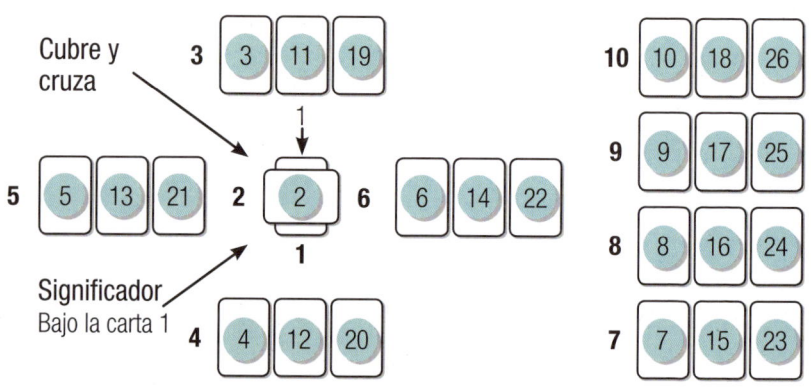

Interpretación de la tirada de la cruz celta extendida

1. Cubre el significador, que representa a la persona para la que haces la lectura.

2. Cruza el significador (directamente).

3. Corona el significador (por encima).

4. Por debajo (influencias que dejan su vida o la siguiente situación que llegará).

5. Por detrás (influencias que dejan su vida o la siguiente situación que sucederá).

6. Por delante de la persona (la siguiente influencia o situación que llegará a su vida).

7. La persona misma (afecta al significador personalmente).

8. Hogar y trabajo.

9. Sus esperanzas o sus peores miedos, que pueden estar limitando la vida del significador.

10. El resultado de la lectura.

Ejemplos de lecturas

Lectura de Roberto: la cruz celta extendida solo con arcanos menores

Roberto es nuestro significador. Es mayor de 25 años, pelirrojo y tiene los ojos de color avellana.
Significador: El rey de bastos.

Rey de Bastos
Hombre mayor de 25 años. Ojos verdes y cabello de rubio a pelirrojo. Inquieto, franco, ambicioso.

Significador

Cubre y cruza

Significador
Bajo la carta 1
Rey de bastos

Seis de Espadas
Viaje por el agua o encima de ella. Las aguas turbulentas se volverán aguas tranquilas.

Diez de Copas
Felicidad. Cosas buenas. Fiesta o celebración.

1 y 2 LAS CARTAS 1 Y 2 CUBREN Y CRUZAN A ROBERTO
6 de espadas y 10 de copas

Roberto saca su barco de las aguas turbulentas. Llegarán días mejores que podrían llevar a una celebración muy pronto.

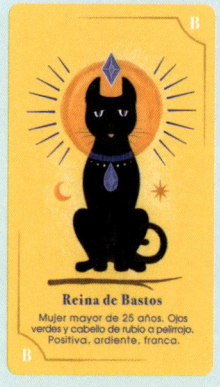

Rey de Oros
Hombre mayor de 25 años. Ojos y cabello oscuros. Negociador, arrogante, poderoso.

Dos de Oros
Confusión financiera. Discernir entre dos ideas o situaciones.

Reina de Bastos
Mujer mayor de 25 años. Ojos verdes y cabello de rubio a pelirrojo. Positiva, ardiente, franca.

3 LAS CARTAS 3-11-19 CORONAN A ROBERTO
Rey de oros-2 de oros-reina de bastos

Nuestro emprendedor, de cabello moreno, hace malabares con numerosas cuestiones de su vida en este momento y está conectado con una mujer pasional y abierta de cabello pelirrojo o rubio. Esta mujer aborda su propia vida con una visión positiva y juntos pueden encontrar una salida aceptable a los problemas en cuestión.

❝

El verdadero tarot es simbolismo; no habla otro lenguaje ni ofrece otras señales.

❞

A. E. Waite

As de Copas
Seguridad.
Mano tendida.

Rey de Copas
Hombre mayor de 25 años. Ojos
azules, cabello claro o castaño.
Gentil, emotivo, tímido.

Cinco de Oros
El dinero se retrasa.
Llega del trío.

4 LAS CARTAS 4-12-20 SE COLOCAN POR DEBAJO DE ROBERTO
As de copas-rey de copas-5 de oros

Un hombre dulce y amable con cabello rubio o castaño claro y ojos azules o grises se ofrece a ayudar. Ha habido muchos retrasos en la vida de Roberto, pero siente que ahora es el momento de avanzar con confianza, ya que vuelve a la normalidad y el dinero para su futuro empieza a fluir.

Rey de Bastos
Hombre mayor de 25 años. Ojos
verdes y cabello de rubio a pelirrojo.
Inquieto, franco, ambicioso.

Cinco de Espadas
Pérdidas. No todo está perdido,
ya que aún te quedan tres
espadas, que te dan ventaja.

Cuatro de Oros
Mejoras económicas.
Hay más cosas en camino.

5 LAS CARTAS 5-13-21 SE COLOCAN POR DETRÁS DE ROBERTO
Caballo de bastos-5 de espadas-4 de oros

Roberto recibe una carta importante con noticias negativas, pero cuando examina detenidamente el contenido de la misiva, se da cuenta de que esta le da ventaja en una serie de puntos expuestos en la carta o documento. El resultado final traerá mejoras económicas a su vida, pero puede que tenga que gastar algo de dinero para ganar más a la larga.

Seis de Copas
Hogar feliz. Memorias
de niñez.

Cuatro de Bastos
Hogar feliz. Posible estancia
en el campo.

Tres de Oros
Mejoras en marcha, pero
amenazadas con retrasos.
Gloria y fama. Lugar
de culto.

6 LAS CARTAS 6-14-22 SE COLOCAN POR DELANTE DE ROBERTO
6 de copas-4 de bastos-3 de oros

En la vida de Roberto ha habido muchas fluctuaciones de dinero. A Roberto le han hecho una oferta, que cree que va a rechazar, en relación con una casa o propiedad en un entorno rural. Podría hacer falta algo de negociación y entonces verá que empiezan a producirse grandes mejoras. Sin embargo, puede haber retrasos en las primeras fases de las negociaciones.

Tres de Copas
Celebración.
Acontecimientos
brillantes.

Cinco de Copas
Pérdidas económicas.
No todo está perdido.
Puedes tener algo
que salvar.

Ocho de Copas
Problemas económicos.
Deja todo atrás y mira
hacia adelante.

7 LAS CARTAS 7-15-23 SON LA PERSONA MISMA (Roberto, el significador)
3 de copas-5 de copas-8 de copas
Roberto celebra el fin de sus negociaciones sobre la casa y de los problemas económicos que vivía antes. Ha habido una serie de pérdidas emocionales y financieras relacionadas con las negociaciones. Ahora Roberto puede darles la espalda y alejarse de todas estas situaciones para ir hacia un futuro positivo.

Nueve de Bastos
Indecisión. Hay que alejarse
de la situación para verla
con mayor claridad.

Ocho de Espadas
Frustraciones. Te sientes atado/a
y amordazado/a.

As de Bastos
Nuevos principios. Nacimiento.
Nuevas ideas. Creación.

8 LAS CARTAS 8-16-24 SIGNIFICAN HOGAR/TRABAJO PARA ROBERTO
9 de bastos-8 de espadas-as de bastos
Roberto necesita verdaderamente salir de la situación para ver claramente cuáles podrían ser los siguientes movimientos en su vida profesional y personal. La presión de ambas áreas le ha hecho sentirse atado y amordazado, lo que sin duda ha bloqueado su energía. Ahora puede alejarse de ello hacia un nuevo comienzo con muchas oportunidades nuevas para el futuro.

Nueve de Copas
Mejoras en marcha. Te sientes satisfecho o complacido.

Rey de Espadas
Hombre mayor de 25 años. Ojos y cabello castaños. Frío, mordaz, exige respeto.

Diez de Bastos
· Los problemas agobian. Cargas muy pesadas.

9 LAS CARTAS 9-17-25 SON LAS ESPERANZAS Y LOS MIEDOS DE ROBERTO
9 de copas-caballo de espadas-10 de bastos

Roberto siente que hay mejoras en marcha en su vida. Avanza deprisa para resolver todos los obstáculos que le afectan. Los asuntos en cuestión tendrán un final precipitado.

Dos de Copas
Paz y armonía. Unión de dos personas.

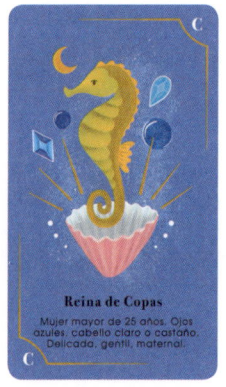

Reina de Copas
Mujer mayor de 25 años. Ojos azules, cabello claro o castaño. Delicada, gentil, maternal.

As de Espadas
Frustraciones. Espada de doble filo. Victoria en vano.

10 LAS CARTAS 10-18-26 SON EL RESULTADO PARA ROBERTO
2 de copas-reina de copas-as de espadas

Roberto tiene la tranquilidad de que su vida está mejorando de verdad. Ha empezado el viaje de la vida con una dulce y amable mujer de cabello rubio/castaño y ojos azules, que le está ayudando a dejar atrás las frustraciones y la pérdida de dinero del pasado, así como a mirar hacia un futuro nuevo y positivo.

Lectura de Roberto: la cruz celta extendida con arcanos mayores y menores

Roberto es nuestro significador. Es mayor de 25 años, y tiene el cabello pelirrojo y los ojos de color avellana.
Significador - Rey de bastos.

Significador

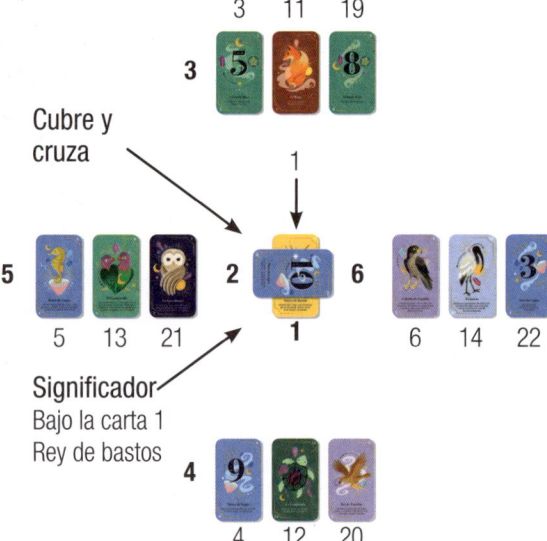

Cubre y cruza

Significador
Bajo la carta 1
Rey de bastos

Nueve de Bastos

Indecisión. Hay que alejarse de la situación para verla con mayor claridad.

Diez de Copas

Felicidad. Cosas buenas. Fiesta o celebración.

1 y 2 LAS CARTAS 1 Y 2 CUBREN Y CRUZAN A ROBERTO
9 de bastos y 10 de copas

Roberto es muy indeciso sobre su siguiente movimiento. Tiene que salir de la situación para poder verla con más claridad. Las decisiones que ha tomado han sido claras y decisivas, lo que llevará a celebraciones en su vida.

Cinco de Oros

El dinero se retrasa. Llega del frío.

El Mago

Factor sorpresa. Bueno o malo.

Ocho de Oros

Trabajo remunerado.

3 LAS CARTAS 3-11-19 CORONAN A ROBERTO
5 de oros-El mago-8 de oros

Roberto está experimentando retrasos con el dinero actualmente. Nada es fijo en su vida en este momento. La carta del mago indica el elemento de sorpresa, por lo que tendrá que estar preparado para hacer cambios y tomar decisiones con rapidez. En medio de los cambios en la vida personal y profesional de Roberto, tendrá más responsabilidades y llegará más trabajo.

Nueve de Copas
Mejoras en marcha. Te sientes satisfecho o complacido.

La Templanza
Restricciones de dinero. Tanteando el terreno.

Rey de Espadas
Hombre mayor de 25 años. Ojos y cabello castaños. Frío, mordaz, exige respeto.

4 LAS CARTAS 4-12-20 SE COLOCAN POR DEBAJO DE ROBERTO

9 de copas-la templanza-rey de espadas

Roberto percibe la emoción en el aire con las mejoras que se están produciendo en todos los aspectos de su vida. Ha habido momentos difíciles por asuntos monetarios y financieros que necesitaban atención, especialmente los relacionados con un hombre de cabello castaño o canoso y ojos de color avellana o marrón oscuro. Este hombre frío y de gestos bruscos exige respeto a quienes lo rodean.

Reina de Copas
Mujer mayor de 25 años. Ojos azules, cabello claro o castaño. Delicada, gentil, maternal.

El Enamorado
Enamoramientos. El romance vuelve a surgir en el matrimonio. Relaciones. Parientes. Relaciones amorosas que puedes compartir con un amigo.

La Sacerdotisa
Es la carta más alta del tarot. Muy poderosa. Se revelarán secretos buenos o malos.

5 LAS CARTAS 5-13-21 SE COLOCAN POR DETRÁS DE ROBERTO

Reina de copas-el enamorado-la sacerdotisa

Roberto ha sido afortunado de tener en su vida una amiga de cabello rubio/castaño y ojos azules, que se ha acercado a él con amabilidad para ayudarle con los problemas que afronta en su vida profesional y personal. Esto hace que ahora Roberto la mire de otra manera, pues con el tiempo se ha enamorado de ella. Roberto siente que una fuerza superior puede estar actuando para unirlos con propósitos aún desconocidos. Con la influencia de la carta más alta, formarán la pareja perfecta.

Caballo de Espadas
Hombre joven, no mayor de 25 años. Situación o desenlace rápidos. Mira por encima de tu hombro.

El Juicio
Decisiones pendientes de resolución. La única decisión que se puede tomar teniendo en cuenta las circunstancias.

Tres de Bastos
Viaje por tierra. Supervisas tu reino.

6 LAS CARTAS 6-14-22 SE COLOCAN POR DELANTE DE ROBERTO
Caballo de espadas-el juicio-3 de bastos

Roberto sigue avanzando a gran velocidad. Las decisiones que está tomando son definitivas y las únicas que puede tomar en tales circunstancias. Roberto ahora dedica tiempo a vigilar su reino para el futuro y lo que está por venir.

As de Oros
Dinero a las puertas. Deseo divino concedido.

La Luna
Decepción o retrasos. Altibajos emocionales. Puedes estar engañándote emocionalmente a ti mismo o a los demás.

Dos de Bastos
Breve viaje. Camino hacia el agua o cerca de ella.

7 LAS CARTAS 7-15-23 SON LA PERSONA MISMA (Roberto, el significador)
As de oros-la luna-2 de bastos

Llega dinero. A Roberto se le concede su deseo divino. Ha habido muchos engaños sobre cuestiones emocionales relacionadas con su vida personal y profesional que lo han dejado agotado. Necesita emprender un corto viaje para recargar las pilas.

Caballo de Copas
Hombre joven, no mayor
de 25 años. Necesita
más confianza.

El Carro
Cambio de residencia. Viaje.
Victoria sobre una situación
o problema. Equilibrio entre dos
polaridades opuestas.

El Papa o el Hierofante
Matrimonio. Gobierno o compañía
pública. Persona jurídica. Edificio
oficial o situación oficial.

8 LAS CARTAS 8-16-24 SIGNIFICAN HOGAR/TRABAJO PARA ROBERTO
Caballo de copas-el carro-el hierofante

Roberto recibirá un mensaje o una carta que le dará la victoria en importantes asuntos relacionados con su vida profesional y personal que han durado mucho. Estos asuntos se resolverán ahora a favor de Roberto, que tendrá que firmar algunos documentos oficiales para cerrarlos definitivamente.

Siete de Oros
Frustración en el trabajo Te espera
un duro esfuerzo, tanto personal
como profesionalmente.

El Ermitaño
Soledad. Falta de ataduras.
El alma reclama su tiempo
o tiempo a solas.

La Rueda de la Fortuna
El dinero crece.
Viaje al extranjero.
Fases de finalización.

9 LAS CARTAS 9-17-25 SON LAS ESPERANZAS Y LOS MIEDOS DE ROBERTO
7 de oros-el ermitaño-la rueda de la fortuna

Roberto ha vivido numerosas frustraciones en torno a su vida profesional y personal. Hubo un periodo de soledad e introspección sobre cuál era la decisión correcta para actuar en consecuencia a continuación. Tras un periodo de contemplación, el futuro es prometedor. Con la rueda de la fortuna girando a su favor y un aumento de dinero, su antiguo modo de vida por fin se termina y se está trazando un nuevo rumbo.

El Colgado
Fuerza y autoconfianza
después de muchas
deliberaciones y retrasos
en tu vida.

La Justicia
Situación legal o documento.
Policía. Encontrar la verdad en lo
que afecta a la balanza
o el equilibrio.

Reina de Oros
Mujer mayor de 25 años.
Ojos y cabello oscuros.
Profesional, negociadora,
dominante.

10 LAS CARTAS 10-18-26 SON EL RESULTADO PARA ROBERTO

El ahorcado-la justicia-reina de oros

Roberto se está volviendo más fuerte cada día que pasa. Tras mucha deliberación y postergación respecto a su futuro, ahora puede proceder con gran determinación. Tiene que resolverse una situación legal, que conllevará importantes documentos y papeles legales. Roberto contratará los servicios de una mujer morena muy profesional, que puede ser dominante en su enfoque para lograr los resultados que quiere. Esta descubrirá la verdad sobre los asuntos mencionados y finalmente le aportará justicia y equilibrio a la vida de Roberto a todos los niveles.

> El tarot no predice el futuro; lo facilita.

Philippe St. Genoux

Inspiración diaria de tiradas

Esta es una tirada rápida usando los arcanos mayores y menores que proporcionará una lectura para los siguientes dos días o semanas.

1. Mezcla las cartas.
2. Toma nueve cartas de la parte superior del mazo.
3. Lee la primera línea, de izquierda a derecha (cartas 1-2-3).
4. Lee la segunda fila de izquierda a derecha (cartas 4-5-6).
5. Después lee la tercera fila de izquierda a derecha (cartas 7-8-9).
6. Lee cada fila verticalmente (cartas 1-4-7, cartas 2-5-8, cartas 3-6-9).
7. Lee en diagonal de la parte superior izquierda a la inferior derecha (cartas 1-5-9).
8. Luego lee en diagonal de la parte superior derecha a la inferior izquierda (cartas 3-5-7).
9. La carta más importante es la número 5, en medio de la tirada. Esta se convierte en la carta del ahora.

Inspiración diaria. Ejemplos de lecturas de las tiradas

Inspiración diaria de lecturas de María

Fila 1. 7 de espadas, as de copas, sota de bastos
Fila 2. As de bastos, sota de oros, sota de espadas
Fila 3. 7 de bastos, 8 de oros, el diablo

HORIZONTAL

Las esperanzas y los deseos de María se están cumpliendo. Ha sacado la carta más alta de los arcanos menores, lo que le aporta la seguridad emocional necesaria para emprender un importante viaje que tiene que hacer. El nacimiento de nuevas ideas y el pensamiento creativo la llevarán hacia nuevas oportunidades que antes solo eran quimeras. María deberá aprender nuevas destrezas. Tiene que dejar de mirar con recelo al pasado y centrarse en el futuro. Ahora es capaz de superar sus frustraciones del pasado y avanzar. Tiene mucho trabajo por delante y podrá romper las cadenas que han estado reteniéndola.

VERTICAL

Las esperanzas y los deseos de María se están haciendo realidad con el nacimiento de nuevas ideas, y el pensamiento creativo la llevará hacia nuevas oportunidades que antes solo eran quimeras. Deberá formarse en nuevas destrezas. María es capaz de superar sus problemas con la ayuda de amigos que le proporcionan el apoyo emocional y la seguridad que necesita. Tendrá que aprender nuevas habilidades laborales. Esto la llevará a hacer muchos más viajes relacionados con su profesión. María tiene que dejar de mirar al pasado y liberarse de las cadenas que la retenían.

DIAGONAL

Los deseos de María se están cumpliendo a gran velocidad. Su determinación para aprender nuevas destrezas laborales la ayudará a romper las cadenas del pasado con más rapidez. Gracias a ello, tendrá más oportunidades de viajar con una profesión que siempre la lleva hacia nuevas y emocionantes experiencias que le proporcionan mayores habilidades para superar el pasado.

LA CARTA DEL AHORA

María tiene que aprender algunas habilidades nuevas, lo que enriquecerá y afianzará su vida.

Siete de Espadas

Planes, esperanza. Carta de los deseos. El arcano menor más alto.

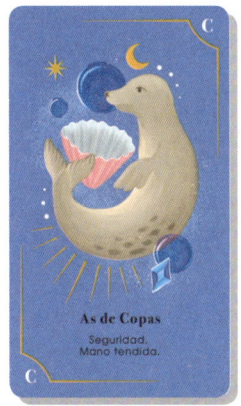

As de Copas

Seguridad.
Mano tendida.

Sota de Bastos

Mujer joven, no mayor de 25 años. Largo viaje.

As de Bastos

Nuevos principios. Nacimiento. Nuevas ideas. Creación.

Sota de Oros

Mujer joven, no mayor de 25 años. Estudiante. Hombre o mujer.

Sota de Espadas

Mujer joven, no mayor de 25 años. Espionaje o engaño.

Siete de Bastos

Frustraciones. Serás capaz de vencer tu fracaso. Estás por encima de la situación.

Ocho de Oros

Trabajo remunerado.

El Diablo

Celos o problemas. Capaz de romper las cadenas que te atan o que te frenan.

Glosario

Arcanos mayores: Las 22 cartas del tarot original.

Arcanos menores: Las 56 cartas añadidas a las cartas originales del tarot, incluyendo los cuatro diferentes palos: copas, bastos, espadas y oros.

Baraja: Mazo o conjunto de cartas.

Consultante: La persona que solicita la lectura o hace la pregunta (ver *significador*).

Figuras: La sota, el caballo, la reina y el rey de los arcanos menores.

Significador: La persona que solicita la lectura. A veces se la denomina *consultante*. La carta elegida para representar a esta persona también se conoce como *significador* y se basa en el sexo, la edad y el color del cabello y los ojos.

Tirada: Nombre dado a las diversas maneras en las que se deben disponer las cartas para leerlas; por ejemplo, la tirada de la cruz celta.

Conclusión

Me han preguntado muchas veces qué caracteriza a un buen lector de tarot. Lo único que puedo decir es que tienes que creer en el conocimiento que se te transmite, y que debes mantener la mente abierta y recordar que todos tenemos libre albedrío. La vida es un camino de aprendizaje, intercambio y descubrimiento que nos conduce a nuestro destino. Sé que siempre te sorprenderá la información que te dan las cartas de tarot.

Recuerda que con la práctica se consigue la perfección. Con el tiempo encontrarás tu propia y singular manera de interpretar las cartas. Deja que tu intuición se desarrolle a su ritmo; no la fuerces. Creo que nunca dejamos de aprender en la vida, así que sigue leyendo toda la información posible sobre el tarot porque podría serte útil. Cada profesor de tarot utiliza distintos métodos e interpretaciones ligeramente diferentes. Siempre les sugiero a mis alumnos que si un método les gusta y les funciona, lo adopten; de lo contrario, que lo olviden.

Verás que cuanto más trabajes con las cartas, más ilustrada y enriquecida se volverá tu vida. Disfruta del conocimiento y la sabiduría ancestrales que están ahí para ser transmitidos por todos.